Stadt und Land, Bayern und das Reich in der Kriegsernährungswirtschaft.

Von

Dr. Friedrich Zahn,

Präsident des K. Bayer. Statistischen Landesamts.

Sonderabdruck aus dem Allgemeinen Statistischen Archiv Band X.

1918

München, Berlin und Leipzig

J. Schweitzer Verlag (Arthur Sellier).

By

Stadt und Land, Bayern und das Reich in der Kriegsernährungswirtschaft.

Von **Dr. Friedrich Zahn,**
Präsident des K. Bayerischen Statistischen Landesamts.

Deutschlands Feinde spekulierten bekanntlich vor dem Kriege auf ein uneiniges Reich im Augenblick eines kriegerischen Überfalls und ersehnen nunmehr die Zertrümmerung des Reiches als Kriegsziel. Zur Stützung dieser Hoffnungen gefallen sie sich darin, kleinere Differenzen, wie sie ab und zu zwischen den Gliedstaaten des Reiches sowie zwischen jenen und der Reichsverwaltung bei Verfolgung wirtschaftlicher Fragen vorkommen, möglichst aufzubauschen, als ob bereits ein innerer Zerfall in Sicht sei. Die Enttäuschungen, die die Feinde dabei wiederholt im Laufe des Krieges erlebten, hindern sie nicht, immer wieder krampfhaft nach neuen solchen Gelegenheiten zu suchen.

Demgegenüber weiß das Inland zur Genüge und hat es im jetzigen Kriege deutlich erfahren und bewiesen, daß die einzelnen Bundesstaaten zu einer engen Wehr-, Nähr-, Arbeits- und Finanzgemeinschaft des Reiches auf Gedeih und Verderb verbunden sind, daß die Erfüllung der hiermit verbundenen Pflichten nicht bloß im Interesse des Reichsganzen sondern ebenso im wohlverstandenen Eigeninteresse des einzelnen Gliedstaates liegt.

Das Reich ist ein einheitliches Wirtschaftsgebiet, dessen Glieder aufeinander angewiesen sind — Unternehmertum und Arbeiterschaft ebenso wie Stadt und Land, Nord und Süd. Innerhalb dieses Wirtschaftsgebietes ist ein Ausgleich zwischen Überschuß und Bedarf unerläßlich. Im Krieg noch mehr als im Frieden. Es müssen daher die einzelnen Glieder des Reiches sich gegenseitig helfen und stützen, damit jeder Teil in der Kriegswirtschaft und insbesondere in der Kriegsernährungswirtschaft sein Auslangen findet.

Die Willigkeit zu dieser solidarischen Hilfe wird zweifellos gefördert, wenn die Öffentlichkeit über die innerhalb des Reiches bestehende Abhängigkeit der verschiedenen Produktions- und Absatzgebiete aufgeklärt wird. Es muß der ländlichen Bevölkerung dargetan werden, welcher Bedarf an den hauptsächlichsten Lebensmitteln bei den einzelnen Städten und Industrieorten und -gegenden selbst bei größter durch die Kriegsverhältnisse gebotenen Einschränkung besteht und was diese Bevölkerung wiederum für die ländliche leistet. Es muß eine Vorstellung davon gegeben werden, inwieweit der einzelne Bundesstaat sich selbst zu ernähren vermag, wie sehr er im Verhältnis zum übrigen Reich Geber wie Empfänger ist.

Das K. Bayerische Statistische Landesamt hat eine nähere Untersuchung über diese Fragen angestellt. Das Material beruht auf Mitteilungen seitens der bayerischen Lebensmittelversorgungsstellen und der größeren bayerischen Städte sowie auf Nachweisen, die das Kriegsernährungsamt von den Lebensmittelstellen des Reiches vermittelte. Freilich ist es nicht gleichmäßig und nicht genügend vollständig, was mit der Verschiedenheit der Organisation der einzelnen Stellen, mit der Besonderheit der bewirtschafteten Lebensmittel und mit anderen Gründen (Anrechnung von Vorräten, Schmuggel, Schleichhandel, Saisoncharakter der Lebensmittel usw.) zusammenhängt. Zeitlich erstreckt sich das Material in der Hauptsache auf das Wirtschaftsjahr 1916/17.

Betrachten wir zunächst das Verhältnis von

I. Stadt und Land in der Kriegsernährungswirtschaft,

wie es sich darstellt zu Beginn des Wirtschaftsjahres 1917/18 an der Hand nachstehender Übersicht. Es ist darin für die Städte München und Nürnberg auf Grund der bewilligten Tageskopfrationen die tägliche Gesamtzuweisung für die wichtigsten Lebensmittel angegeben, daneben die Liefermenge des ergiebigsten Überschußkommunalverbandes pro Monat und im Verhältnis zum Bedarf Münchens und Nürnbergs.

Lebensmittelverbrauch in der Großstadt im Verhältnis zur Liefermöglichkeit des platten Landes im Kriege.

Nahrungsmittel	Davon wurden täglich zugewiesen in München auf den Kopf	in München insgesamt	in Nürnberg auf den Kopf	in Nürnberg insgesamt	Ergiebigster Kommunalverband	Dessen monatliche Ist-Lieferung	Hiermit kann gedeckt werden der Bedarf Münchens (Tage)	Nürnbergs (Tage)
1	2	3	4	5	6	7	8	9
1. Mehl	220 g	139,1 t	220 g	76,6 t	Straubing	878,9 t	6,3	11,4
2. Fleisch	35,7 g	21,9 t	35,7 g	12,2 t	Memmingen	237 t	10,8	19,4
3. Kartoffeln	500 g	285 t	500 g	150 t	Ochsenfurt	1197 t	4,2	8
4. Milch	0,33 l	168 380 l	0,23 l	72 248 l	Markt Oberdorf	510 000 l	3	7
5. Butter	10,2 g	6,6 t	13 g	3,5 t	Markt Oberdorf	136,6 t	20,7	39
6. Käse	14,3 g	10,5 t	14,3 g	4,9 t	.	.	.	.
7. Eier	1/7 Stck.	81 000 Stck.	1/7 Stck.	43 000 Stck.	Mühldorf	379 962 Stck.	4,7	8,8

Zu 1. Durchschnitt für das W. J. 1917/18.
Zu 2. Durchschnitt für die Versorgungs-Periode vom 1. August—31. Oktober 1917.
Zu 3. Sp. 2—5: Septemberdurchschnitt 1917; Sp. 7: Durchschnitt für das W. J. 1916/17.
Zu 4. Sp. 2—5: Septemberdurchschnitt 1917; Sp. 7: Oktoberlieferung 1916 (!).
Zu 5. Sp. 2—5: Septemberdurchschnitt 1917; Sp. 7: Julilieferung 1917.
Zu 6. Sp. 2—5: Augustdurchschnitt 1917; Sp. 6–9: fehlen Angaben.
Zu 7. Sp. 2—5: Augustdurchschnitt 1917; berechnet aus Kopfquote und Bevölkerungszahl; Sp. 7: Augustdurchschnitt 1917.

1. Sehen wir uns einmal an, was die Münchener Bevölkerung bei denkbar schärfster Einschränkung täglich zum Leben braucht!

Bei einer Tageskopfration von 220 Gramm Mehl und 1 Pfund Kartoffeln hat München eine tägliche Zufuhr von fast 14 Eisenbahnwagen Mehl und 28½ Eisenbahnwagen Kartoffeln zu je 10 Tonnen. Gegenüber dem Verbrauch an diesen beiden Hauptnahrungsmitteln tritt die Zuweisung an sonstigen Lebensmitteln stark zurück. Namentlich gilt dies hinsichtlich des Fleisches. Bei etwas über 35 Gramm für den Kopf und Tag ergibt sich ein Gesamttagesverbrauch von 21,9 Tonnen = 2,19 Wagen (zu 10 Tonnen) Fleisch.

Eine ähnliche Einschränkung pro Kopf weist auch der Verbrauch an Milch und Milcherzeugnissen sowie an Eiern auf. Kaum $^1/_3$ Liter Milch erhält (im September 1917) der Münchener im Tag und doch erfordert die Deckung selbst dieses geringfügigen Bedarfes eine tägliche Zufuhr von über 168000 Litern, d. i. fast 20 Eisenbahnwagen zu je 8500 Liter, eine Menge, zu deren Erzeugung über 56000 Kühe mit einer Tageslieferung von je 3 Liter nötig sind. Dabei ist dies noch eine verhältnismäßig reichliche Versorgung, wenn wir hören, daß im Durchschnitt des Reiches in den Städten über 10000 Einwohner einer versorgungsberechtigten Person täglich nur $^1/_{11}$ bis $^1/_{15}$ Liter Milch zugeteilt werden konnte, daß beispielsweise in den sächsischen Städten Dresden und Zittau $^1/_{13}$, Leipzig $^1/_{14}$, Bautzen $^1/_{16}$, Freiberg gar nur $^1/_{24}$ Liter Milch täglich zur Verfügung stand. Ähnlich knapp war die Versorgung im rheinischen Industriegebiet. Sie war sogar in Mecklenburg mit seiner hochentwickelten Landwirtschaft wesentlich schlechter als bei uns.

Von den so wichtigen Milchprodukten Butter und Käse sind täglich zirka 147 Faß Butter zu je 90 Pfund und 210 Zentnerlaibe Käse aufzubringen, um jedem Münchener Einwohner auch nur 10,2 Gramm Butter und 14,3 Gramm Käse im Tag verabreichen zu können.

Münchens Eierversorgung endlich, die gegenwärtig ein Ei pro Kopf und Woche vorsieht, erfordert die Bereitstellung von täglich über 81000 Stück Eiern, d. i. 56 Kisten zu je 1440 Stück. Dabei ist der Verbrauch der gewerblichen Betriebe, wie der Hotels, Gasthöfe, Vereinshäuser, Pensionen usw. noch gar nicht mitgerechnet. Dieser ist aber — auch bezüglich der übrigen Lebensmittel — wichtig, weil er eine Schmälerung der ohnehin knapp bemessenen Nahrungsmittelzuweisungen an die einheimische Bevölkerung darstellt. Es ist nämlich darin der Verbrauch der Fremden[1]) enthalten, soweit sie in Hotels, Gasthöfen usw. sich aufhalten. Eine gewisse Fremdenzahl ist allerdings durch die Mitzählung bei der Volkszählung am 1. Dez. 1916 in die für die ständige Nahrungsmittelzuweisung maßgebende versorgungsberechtigte Münchener Bevölkerung eingerechnet; jedoch

[1]) Vgl. hierüber den Aufsatz in Nr. 257 der Münchener Neuesten Nachr. vom 23. Mai 1917, dem auch die nachfolgenden Angaben entnommen sind.

dürfte diese Fremdenzahl nur einen Ausgleich für die am Zählungstage abwesenden Münchener bilden und deshalb keine Mehrzuweisung für Fremde bewirken, zumal der Fremdenstrom am wenigsten anfangs Dezember, am meisten dagegen in den folgenden Winterwochen, vor allem aber in den Sommermonaten nach Bayern kommt.

Beispielsweise gab es im Juni 1917 in den Münchener Gasthäusern, Hotels usw. insgesamt 46683 Fremde. Ihr Aufenthalt macht im ganzen 77501 Tage aus. Während dieser Zeit hatten sie einen Verbrauch — wenn man lediglich die rationierten Mengen zugrunde legt — von:

Brot, umgerechnet in Mehl . .	12456 kg
Fleisch	3325 „
Butter	829 „
Käse	1395 „
Kartoffeln	4844 „
Eier	11072 Stück.

Hievon wird nur der Brotverbrauch der Fremden dem Kommunalverband wieder vollständig im Abrechnungsverfahren ersetzt. Das vom Kriegsernährungsamt und vom Ministerium des Innern ein- aber noch immer nicht durchgeführte Ausgleichsverfahren im Fremdenverkehr zwischen den Kommunalverbänden hinsichtlich des Lebensmittelaufwandes gilt nur für die Fremden mit 14 Aufenthaltstagen zum Zwecke der Kurbehandlung oder Erholung. Da die durchschnittliche Aufenthaltsdauer im verflossenen Winter nur 1,63 Tage, die der norddeutschen Fremden nur 2,30 Tage beträgt, so hat diese Regelung für München wenig praktische Bedeutung.

Am schwersten wird das Fehlen eines ausreichenden Ersatzes wohl bei dem so schwierig aufzubringenden Fleischbedarf empfunden. Daß so mancher Münchener für seine Fleischmarken und sein Geld kein Fleisch auftreiben kann, liegt vor allem an dem Nichtersatz der riesigen Fleischmengen, wie sie auf fremde Fleischmarken teils von den Fremden, teils von Einheimischen, denen die Marken aus der Provinz zugesandt werden, bezogen werden.

Nach dem Zählergebnis der Fleischmarken aus der Versorgungsperiode vom 11. Juni bis 8. Juli 1917 stellt sich diese Belastung folgendermaßen dar. Es wurden gezählt:

aus München-Stadt 22815000 Anteile = 570395 kg Fleisch,

aus München-Land 233644 Anteile = 5841,100 kg Fleisch = 1,024 % der Münchener Zuweisung,

aus bayerischen Kommunalverbänden 1645291 Anteile = 41132,275 kg Fleisch = 7,211 % der Münchener Zuweisung,

aus außerbayerischen Kommunalverbänden 144831 Anteile = 3620,775 kg Fleisch = 0,647 % der Münchener Zuweisung,

Gesamtbelastung 2023766 Anteile = 50594,150 kg Fleisch = 8,882 % der Münchener Zuweisung.

Nach dem Gesagten erweist sich trotz stärkster Einschränkung pro Kopf der Lebensmittelbedarf Münchens im ganzen immer noch als recht erheblich.

Anderseits sahen wir, welche Schwierigkeiten der gleichmäßigen Verteilung dieses Bedarfes erwachsen durch den Fremdenverkehr und zum Teil auch durch die Freizügigkeit der Bezugsmarken.

2. Ebenso schwierig wie die Verteilung ist die Aufbringung selbst dieses außerordentlich reduzierten Bedarfes. Hievon erhält man erst eine richtige Vorstellung, wenn man sich vergegenwärtigt, was zu seiner Deckung der ergiebigste Überschußbezirk beizutragen vermag, wenn er seinen gesamten Überschuß an München abliefern würde.

So vermag der bedeutendste Getreideüberschußbezirk Straubing mit seiner ganzen Monatslieferung den Bedarf Münchens nur etwas über 6 Tage, der ergiebigste Kartoffelüberschußbezirk Ochsenfurth und der leistungsfähigste Eierüberschußbezirk Mühldorf nur wenig mehr als 4 Tage zu decken; gar nur 3 Tage würde die Liefermenge an Milch des Kommunalverbandes mit der stärksten Milchausfuhr, Markt Oberdorf, reichen. Demgegenüber sind der lieferungskräftigste Butterlieferungsbezirk Markt Oberdorf und der bedeutendste Fleischüberschußbezirk Memmingen imstande den allerdings auf ein Minimum reduzierten Bedarf Münchens an Butter und Fleisch 10,7 bzw. 20,7 Tage, d. i. bis zu ein bzw. zwei Drittel zu decken.

Wenn also der einzelne und selbst der leistungsfähigste Kommunalverband so wenig zur Versorgung einer Großstadt wie München beizutragen vermag, dann ist es um so notwendiger, daß alle dazu fähigen Kommunalverbände ihre Überschüsse restlos an die amtlichen Sammelstellen abführen. Nur dann ist der städtischen und industriellen Bevölkerung das physische Durchhalten und das Weiterarbeiten fernerhin möglich. Und dieses Weiterarbeiten ist derzeit von allergrößter Wichtigkeit für unsere Kriegführung draußen wie auch für die Aufrechterhaltung der Wirtschaft im Innern; nicht zuletzt auch für den Landwirt selbst, der von der Stadt und der Industrie Waren aller Art, Kleider, Schuhe, Geräte, Maschinen, Baumaterial, Kunstdünger, Kraftfutter und vor allem auch Geldverdienste benötigt; gar nicht zu reden von der Förderung der Landwirtschaft aus öffentlichen Mitteln, die überwiegend aus dem Steuerertrag der Städte herrühren. Beispielsweise wendete der bayerische Staat im Jahre 1914/15 für Landwirtschaft und Tierzucht 10,6 Millionen Mark auf. Zu den direkten Steuern zahlen die 8 Städte (mit über 50000 Einwohnern) München, Nürnberg, Augsburg, Würzburg, Ludwigshafen, Fürth, Kaiserslautern, Regensburg die Hälfte, die erstgenannten drei Städte allein fast 40%. Und ähnlich liegen in anderen Bundesstaaten die Verhältnisse; z. B. wurde der Einkommensteuerertrag der fünf Städte Chemnitz, Dresden, Leipzig, Plauen und Zwickau im Jahre 1913 zu 38,7 Millionen Mark veranschlagt bei einem Gesamteinkommensteuervoranschlag Sachsens von rund 72 Millionen und einem Ausgabenbudget von 113,2 Millionen Mark.

In Preußen entfällt von der im Jahre 1915 von den physischen Zensiten zu erhebenden Einkommensteuer von im ganzen 354,6 Millionen Mark 262,3 Millionen auf die Städte, 92,3 Millionen Mark auf das Land. Großberlin allein leistet ein Viertel des Gesamterträgnisses der preußischen Einkommensteuer.

Über den erwähnten greifbaren wirtschaftlichen Leistungen der Städte für die Landwirtschaft dürfen auch die weniger augenfälligen, aber darum nicht geringeren vergessen werden, die die Städte als Brennpunkte der öffentlichen Verwaltung wie auch der geistigen Kultur der Landbevölkerung darbieten. Die Stadt ist Bildungsstätte und Bildungsvermittlerin. In ihre Mittel- und Hochschulen schickt der Landwirt seine begabtesten und hoffnungsvollsten Söhne und Töchter, ihn selbst versieht sie mit der nötigen geistigen Kost guter und nützlicher Schriften, belehrender Vorträge. Die Stadt ist auch Forschungsstätte und damit die Trägerin des intensiven Fortschritts auf allen Gebieten menschlicher Betätigung. Von ihren Studierstuben und Laboratorien aus hat auch die heutige staunenswerte Höhe unserer landwirtschaftlichen Kultur, auf der unsere Widerstandskraft in diesem Weltkriege nicht zum wenigsten gegründet ist, ihren Ausgang genommen. Abgesehen davon verdienen auch bezüglich der Ernährung die Großstädte in ihrer Eigenschaft als Mittelpunkte des politischen Lebens besondere Beachtung.

Als erfreuliches Zeichen wachsenden Verständnisses für die eben geschilderte notwendige Arbeitsteilung zwischen Stadt und Land darf die Unterbringung von Stadtkindern auf dem Lande begrüßt werden. Dank der Opferwilligkeit der Landbevölkerung konnten im Sommer 1917 über 46000 bayerische Stadtkinder in ländlichen Gemeinden untergebracht werden. Davon wurden entsendet von München 17300, Nürnberg 13830, Augsburg 6470, Fürth 2028, Ludwigshafen 1220, Würzburg 900, Aschaffenburg 793, Kaiserslautern 746. Die Kinder, zu welchen noch 500 Kinder aus dem rheinisch-westfälischen Industriegebiet und 1330 aus dem Königreich Sachsen und dem Fürstentum Reuß j. L. kamen, wurden in allen bayerischen Regierungsbezirken untergebracht. So befanden sich von den Münchener Kindern 6124 in Oberbayern, 5670 in Niederbayern, die andern in der Oberpfalz, in Schwaben und Franken. Insgesamt befanden sich auf dem Lande z. B. in Schwaben 8676, in Niederbayern 8036 Stadtkinder.

Auch im übrigen Reich geschah die Landunterbringung von Stadtkindern in großem Umfang. Der Verein „Landaufenthalt für Stadtkinder“ in Berlin vermittelte im Jahr 1917 über einer halben Million (506719) Stadtkindern einen Landaufenthalt. Die meisten Kinder davon nahm die Provinz Ostpreußen (79170 einschließlich Verwandtenkinder), dann Pommern (37895), Schlesien (35000), Posen (26436). Unermeßliche Werte an Volkskraft sind hiedurch erhalten worden. Gekräftigt an Leib und Seele kehrten die Kinder zurück. Gewichtszunahmen betrugen durchschnittlich 10—12 Pfund, sie schwankten zwischen 6 und 42 Pfund. Daneben erweiterten die

Kinder ihren Gesichtskreis, faßten Liebe zum Lande, erzählten den Landleuten von den städtischen Verhältnissen, vermittelten ihre neuen Eindrücke den Stadteltern und trugen so ebenfalls dazu bei, das Verhältnis zwischen Stadt und Land zu verbessern.

Besonders wichtig ist, daß die Landbevölkerung von der ungünstigen Einwirkung der eingeschränkten städtischen Ernährungsverhältnisse auf Leben und Gesundheit der Städter erfährt. Vor allem aber muß sie sich von der schwierigen Ernährungslage und zugleich von der hochbedeutsamen Arbeit der Industrie, namentlich die die Rüstungsindustrie derzeit leistet, überzeugen.

Zu dieser Aufklärung helfen Kriegswirtschaftsämter mit den ihnen unterstellten Kriegswirtschaftsstellen, helfen Lehrer und Geistliche, Schriften, Aufrufe, Versammlungen und Einzelbelehrungen. Neuerdings auch Besuche sachverständig geführter Gruppen von Landwirten in Rüstungswerkstätten, damit sie die gewonnene Einsicht in die „Dreieinigkeit von Schützengraben, Fabriksaal und Acker", in die ungleich schwierigeren Bedingungen, unter denen die industrielle Arbeit geschieht, zu Hause weiter verbreiten.

Anderseits wirkt aufklärend und versöhnend, daß Vertretern der Arbeiterschaft, die mit der Herstellung von Munition und Waffen beschäftigt sind, Gelegenheit gegeben wird, durch Mitwirkung an den für unsere Ernährung maßgebenden Stellen sich selbst darüber zu belehren, daß alles, was möglich, zur Erleichterung des Durchhaltens geschieht und daß auch die Landwirtschaft das ihrige dazu tut. Und deren Leistungen sind in Anbetracht der besonderen Schwierigkeiten des Kriegs tatsächlich besonderer Anerkennung der Städter wert, sie brauchen sich nur zu vergegenwärtigen die Landwirtschaft ohne Knechte und Gespanne, mit wenig Kunstdünger und Kraftfutter, mit Mangel an Benzin, Kohlen, Petroleum, die Landwirtschaft mit Greisen, Halbwüchsigen und Gefangenen, die Landwirtschaft, deren ganze Last vornehmlich auf der Willenskraft und Tüchtigkeit der Landfrauen ruht.

Zum Durchhalten und zum Endsieg ist die Weiterarbeit der Landwirtschaft, die fortgesetzte Hervorbringung von Lebensmitteln, wie ihre weitgehende Ablieferung an die öffentlichen Verteilungsstellen zugunsten der übrigen Bevölkerung ebenso notwendig, wie die restlose Herstellung von Munition, Granaten und Waffen.

II. Bayern und das Reich in der Kriegsernährungswirtschaft.

Was eben über die Nähr-, Arbeits- und Finanzgemeinschaft zwischen Stadt und Land angedeutet wurde, kehrt in vergrößertem Maßstab wieder im Verhältnis zwischen den Bundesstaaten und dem Reichsganzen.

Nur einiges hierzu beispielsweise bezüglich des Wirtschaftsverhältnisses zwischen Bayern und dem Reich!

Nicht selten hört man die Meinung, daß Bayern sich selbst ernähren könne, wenn nicht von den eigenen Erzeugnissen erhebliche

Mengen ans übrige Reich abgeliefert werden müßten. Diese Meinung ist ebensowenig richtig wie die andere, daß Bayern im Überfluß schwimme und zu wenig ans übrige Reich abliefere.

Nach einer unbefangenen Würdigung der tatsächlichen Verhältnisse ist Bayern einerseits Geber von Nahrungsmitteln ans übrige Reich, anderseits aber — und dies wird viel zu wenig beachtet — auch Empfänger vom übrigen Reich und mit seiner Versorgung auf die Hilfe und Lieferung des Reiches mitangewiesen.

Dies galt schon im Frieden und gilt jetzt noch mehr im Kriege.

Schon im Frieden hatten wir in Bayern neben einer Überschußproduktion eine Produktion mit einem Fehlbetrag gegenüber dem Bedarf Bayerns an wichtigen Gütern; der Fehlbetrag wurde teils vom Reich teils vom Auslande bestritten. Demgemäß erscheint in der bayerischen Verkehrsstatistik eine Reihe von Waren mit Ausfuhrüberschuß (d. h. mehr Ausfuhr als Einfuhr), eine große Anzahl von Waren aber auch mit erheblichem Einfuhrüberschuß (mehr Ein- als Ausfuhr).

Zu der ersteren Gattung von Waren, von denen also Bayern an andere Reichsteile abgibt, gehören hauptsächlich:[2])

1. Erzeugnisse der Landwirtschaft: Roggen und Hafer, Kartoffeln und Rüben, Hopfen, Bier, Wein.
2. Erzeugnisse der Viehwirtschaft: Rindvieh, Schafe.
3. Erzeugnisse der Forstwirtschaft: Holz.
4. Mineralische Rohstoffe: Steine, Erden, Kies, Kalk, Tonwaren.
5. Güter der Papierindustrie: Papier und Pappe, Lumpen, Abfälle, Holzzeugmasse.
6. Garne und Twiste.
7. Chemikalien: Schwefelsäure, Salpeter- und Salzsäure.

Unter den Waren, von denen Bayern auf die Zufuhr von auswärts angewiesen ist, spielen eine Hauptrolle:

1. Erzeugnisse der Landwirtschaft: Weizen, Gerste, Mais, Zucker, Stärke, Spiritus, Branntwein, Öle, Fette, Reis, Kaffee, Kakao, Tee, Tabak, Futter- und Düngemittel.
2. Erzeugnisse der Viehwirtschaft und Fischerei: Fleisch und Wurst, Fische, Pferde, Schweine, Geflügel.
3. Mineralien: Salz, Soda, Steinkohle, Braunkohle, Torf, Petroleum.
4. Metalle: Eisen, Zink, Blei.
5. Güter der Steinindustrie: Zement, Schiefer, Röhren aus Ton, Glas und Glaswaren.
6. Güter der Lederindustrie: Häute, Felle, Leder, Lederwaren, Lohe.
7. Spinnstoffe: Flachs, Hanf, Wolle, Baumwolle, Jute.

Im Krieg ist die wirtschaftliche Abhängigkeit Bayerns vom übrigen Reich noch größer geworden, weil ja die Zufuhr vom Auslande fehlt und wir auch wegen dieses Teils der Zufuhr auf die Unterstützung des Reichs mitangewiesen sind.

---

[2]) Vgl. Zeitschrift des Bayer. Statist. Landesamts 1917 S. 379 ff.

Hiernach gestaltet sich die Stellung Bayerns in seiner Kriegsernährungswirtschaft gegenüber dem Reich — wenn man die Hauptnahrungsmittel und die wichtigsten Roh- und Hilfsstoffe herausgreift — als Geber und Nehmer folgendermaßen: Siehe Tabelle S. 10/11.

Im allgemeinen liefert Bayern, entsprechend seinem überwiegend landwirtschaftlichen Charakter, Überschüsse an landwirtschaftlichen Produkten, wie Gerste, Hafer (nicht Brotgetreide), Fleisch, Fett und Eier an das übrige Reich, bezieht dagegen von diesem mehr Betriebsmittel und Fabrikate, wie z. B. Saatgut, Futter- und Düngemittel, Kohle, Eisen, zur Brotstreckung dienende Nährmittel aller Art.

Im einzelnen gestaltet sich der Austausch der wichtigsten Waren zwischen Bayern und dem Reiche — in der Hauptsache das ganze Wirtschaftsjahr 1916/17 umfassend — wie folgt.

1. Brotgetreide.

Die Brotgetreideernte des Jahres 1916 stellte sich für das Reich nach der Individualerhebung auf 11 160 200 t, für Bayern auf 851 750 t. Diese letztere Menge reichte für den bayerischen Bedarf nicht aus. Der Reichszuschuß an Brotgetreide, Mehl und Mehlfabrikaten setzte sich zusammen aus

37 804 Ztr.	Saatgut
34 200 „	Mehl
117 420 „	Weizengrieß
156 810 „	Teigwaren
27 240 „	Suppen
31 480 „	Maisgrieß
2 080 „	Puddingpulver
44 „	Reis

Lieferungen Bayerns von Brotgetreide ans übrige Reich liegen nicht vor im Wirtschaftsjahr 1916/17. Im laufenden Wirtschaftsjahr 1917/18 wird umgekehrt Bayern von seiner verhältnismäßig reichlichen Brotgetreideernte ans übrige Reich Zuschüsse zu leisten haben.

2. Gerste.

In der Gersteerzeugung ist Bayern Überschußgebiet.

Nach den vom Kriegsernährungsamt vermittelten Angaben des deutschen Brauerbundes hat Bayern dem Reiche und dem Heere vom 1. Oktober 1916 bis 30. September 1917 zur Verfügung gestellt:

a) Gerste in natura	469 800 Ztr.
b) zu Bier verarbeitet	742 128 „
Insgesamt	1 211 928 „

3. Hafer.

Auch für Hafer ist Bayern Überschußgebiet. Zunächst half es den großen Bedarf des Heeres befriedigen. Die Liefermenge ans Heer allein betrug 5,44 Millionen Ztr. Außerdem lieferte Bayern aus seinen Haferbeständen 485 120 Ztr. an Heer und Reich. Hievon gelangte ein großer Teil in Form von Hafernährmitteln wieder nach Bayern zurück, nämlich 109 998 Ztr., was einer etwa doppelt so großen Rohhafermenge entspricht.

Austausch von Waren zwischen Bayern und dem Reiche in der Kriegsernährungswirtschaft.

Vorbemerkung.

Die Zahlen können nur mit großer Vorsicht verwendet werden; sie geben abgesehen von anderen Gründen, schon deshalb kein erschöpfendes Bild, weil die Lieferungen an inländische Militärstellen in der Ein- und Ausfuhr nicht erscheinen, gleichwohl aber eine Lieferung an das Reich darstellen, soweit diese bayerischen Militärstellen auch nichtbayerische Heeresangehörige mitzuversorgen haben.

Ware	Lieferungszeitraum	Lieferung		Mehrlieferung	
		vom Reich	ans Reich	vom Reich	ans Reich
Brotgetreide	W. J. 1916/17	—	—	—	—
„ -Saatgut	„ „	37 804 Ztr.	—	37 804 Ztr.	—
Mehl	„ „	34 200	—	34 200 „	—
Gerste roh	„ „	—	469 800 Ztr.	—	469 800 Ztr.
„ zu Bier verarb.	„ „	—	742 128 „	—	742 128 „
Hafer an Heer und Reich	„ „	—	485 120 „	—	485 120 „
„ an das Heer	„ „	—	5 440 000 „	—	5 440 000 „
Saatgut von Gerste u. Hafer	„ „	—	42 061 „	—	42 061 „
Hülsenfrüchte	„ „	5000 „	181 000 „	—	176 000 „
Ölfrüchte	„ „	—	15 600 „	—	15 240 „
Saatmais (rumän.)	„ „	40 000 „	—	40 000 „	—
Kartoffeln	„ „	46 000 „	793 591 „	—	747 591 „
Saatkartoffeln	„ „	88 000 „	—	88 000 „	—
Kraftfuttermittel	„ „	213 685 „	75 000 „	138 685 „	—
Zuckerhaltige Futtermittel	„ „	419 138 „	—	419 138 „	—
Kleie	„ „	167 421 „	—	167 421 „	—
Ausländische Futtermittel	„ „	507 093 „	—	507 093 „	—
Heu	18.11.15—15.9.17	—	32 566 „	—	32 566 „
Stroh	„ „	—	115 „	—	115 „
Großvieh	23.1.16—15.8.17	2086 Stck.	9295 Stck.	—	7209 Stck.
„ nach Sachs. u. Baden	1.4.16—1.8.17	—	3395 „	—	3395 „
„ ans Heer	„ „	—	492 250 „	—	492 250 „
Kälber	23.1.16—15.8.17	154 „	848 „	—	694 „
„ nach Sachs. u. Baden	1.4.16—1.8.17	—	31 910 „	—	31 910 „
Schweine	23.1.16—15.8.17	6177 „	8510 „	—	2333 „
„ nach Sachs. u. Baden	1.4.16—1.8.17	—	3901 „	—	3901 „
„ ans Heer	„ „	—	85 059 „	—	85 059 „
Schafe und Ziegen	23.1.16—15.8.17	38 505 „	52 982 „	—	14 477 „
„ „ „ ans Heer	1.4.16—1.8.17	—	80 788 „	—	80 788 „
Hasen	23.1.16—15.8.17	235 „	2621 „	—	2386 „
Rehe	„ „	229 „	3374 „	—	3145 „
Rotwild	„ „	—	62 „	—	62 „
Schwarzwild	„ „	—	18 „	—	18 „
Geflügel	„ „	562 „	112 743 „	—	112 181 „
Kaninchen	„ „	161 „	8926 „	—	8765 „
Fleisch, roh	„ „	1308 Ztr.	9945 Ztr.	—	8637 Ztr.
Fett, verarbeitet	„ „	—	29 404 „	—	29 404 „
Feintalg	1.5.17—31.8.17	—	7566 „	—	7566 „
Butter	1.2.17—31.8.17	—	22 451 „	—	22 451 „
Käse	24.2.17—24.9.17	—	19 779 „	—	19 779 „
Quark	1.1.17—30.9.17	—	3955[1]) „	—	3955[1]) „
Dauermilch					
a) Gezuckerte Magermilch	1.4.17—30.9.17	—	15 165 „	—	15 165 „
b) Trockenmilch	„ „	—	1700 „	—	1700
Zucker	W. J. 1916/17	979 814 „	—	979 814 „	—

[1]) Hiervon sind 1440 Zentner als Mainzer Käse zurückgekommen.

Ware	Lieferungs-zeitraum	Lieferung		Mehrlieferung	
		vom Reich	ans Reich	vom Reich	ans Reich
Schokolade	Insges. bis 1.10.17	1 547 Ztr.	847 Ztr.	700 Ztr.	—
„ -Pulver	„ „ „	347 „	282 „	65 „	—
Süßstoff (H-Packung) . . .	W. J. 1916/17	14 003 200 Briefe	—	14 003 200 Briefe	—
„ (G-Packung) . .	„ „	550 950 Schacht.	—	550 950 Schacht.	—
Eier	1917	—	7 598 000 Stck.	—	7 598 000 Stck.
„ Anrechn. v. Auslandseiern	„	—	34 856 270 „	—	34 856 270 „
Gemüse u. Obst	W. J. 1916/17	—	496 898 Ztr.	—	496 898 Ztr.
Weizengrieß	„ „	117 420 Ztr.	—	117 420 Ztr.	—
Teigwaren	„ „	156 810 „	—	156 810 „	—
Suppen	„ „	27 240 „	—	27 240 „	—
Hafernährmittel	„ „	109 998 „	—	109 998 „	—
Sago u. Kartoffel-Graupen	„ „	12 670 „	-	12 670 „	—
Maisgrieß	„ „	29 626 „	—	29 626 „	—
Erbsmehl	„ „	2000 „	—	2000 „	—
Puddingpulver	„ „	2080 „	—	2080 „	—
Kartoffelmehl und . . . . „ walzmehl	„ „ „ „	} 24 000 „	—	24 000 „	—
Reis	„ „	44 „	—	44 „	—
Marmelade	„ „	15 298 „	—	15 298 „	—
Kunsthonig	„ „	89 051 „	—	89 051 „	—
Speisesirup	„ „	43 801 „	—	43 801 „	—
Heringe	1.1.17—31.12.17	24 146 „	—	24 146 „	—
Fischkonserven	„	21 306 „	—	21 306 „	—
Klipp- und Stockfische . .	„	19 095 „	—	19 095 „	—
Seefische	„	16 776 „	—	16 776 „	—
Ausländische Flußfische .	„	464 „	-	464 „	—
Düngemittel (reines Kali K_2O)	1916	34 923 t	-	34 923 t	—
Steinkohlen	„	2 944 498 „	—	2 944 498 „	—
Braunkohlen	„	933 000 „	—	933 000 „	—
Eisen und Stahl	1916	441 419 „[1])	290 262 t[1])	151 157 „[1])	—
Holz	1916	.[2])	1 085 814 „	—	

[1]) Die Zahlen beziehen sich nur auf Bayern r. d. Rh.

[2]) Die Zahlen für die Holzeinfuhr sind für 1916 noch nicht verfügbar. Im Vorjahre stellt sie sich auf 87 292 t.

4. Hülsenfrüchte.

An Hülsenfrüchten aller Art, insbesondere an Speiseerbsen und Linsen sowie an Ackerbohnen lieferte Bayern 176 000 Ztr. mehr als es vom Reiche erhielt. Ein Teil der Ablieferung (2000 Ztr.) floß in verarbeitetem Zustande, nämlich in Form von Erbsmehl, wieder zurück.

5. Ölfrüchte.

Bayern hat im Wirtschaftsjahr 1916/17 von seiner Ernte an Ölfrüchten (Raps, Rübsen, Lein, Mohn, Hederich) in Höhe von 15 600 Ztr. Ablieferungen geleistet, welche einem Ölergebnis von insgesamt 5500 Ztr. entsprechen.

6. Mais.

Durch Vermittlung der Zentraleinkaufsgesellschaft erhielt Bayern 40 000 Ztr. rumänischen Saatmais zugewiesen. Außerdem gelangten 31 480 Ztr. Maisgrieß als Brotstreckungsmittel nach Bayern.

7. Kartoffeln.

Im Wirtschaftsjahr 1916/17 hat Bayern insgesamt 793591 Ztr. Kartoffeln an Zivil- und Militärstellen außerhalb Bayerns abgeliefert. Von diesem bezog es 46000 Ztr. Speisekartoffeln und 88000 Ztr. Saatkartoffeln. Außerdem erhielt Bayern Sago und Kartoffelgraupen in Höhe von 12670 Ztr., Kartoffelmehl und Kartoffelwalzmehl in Höhe von 24000 Ztr. auf Zuweisung der Reichskartoffelstelle.

8. Futtermittel.

Bezüglich der Futtermittel ist Bayern zur Aufrechterhaltung seines bedeutenden Viehstandes in weitem Umfang auf die Belieferung vom übrigen Reich angewiesen.

Die Kleie, die aus der eigenen Selbstbewirtschaftung anfällt, behält Bayern. Die im Reich anfallende Verteilungskleie („Reichskleie") wird zur einen Hälfte nach dem Viehstand, zur anderen Hälfte nach der Ablieferung von Überschußgetreide verteilt. Hievon erhielt Bayern im Wirtschaftsjahr 1916/17 167421 Ztr.

Bezüglich der übrigen Futtermittel — mit Ausnahme der Biertreber und des Rauhfutters — ist Bayern in der Hauptsache auf das übrige Reich angewiesen. Es erhielt von diesem an zuckerhaltigen Futtermitteln 419138 Ztr.; an Kraftfuttermitteln, Ersatzfuttermitteln und Hilfsstoffen bekam es um 138685 Ztr. mehr, als es selbst zu der Gesamtmenge des Reiches beisteuerte. Bayerns Anteil an ausländischen Futtermitteln endlich stellte sich im abgelaufenen Wirtschaftsjahr auf 507093 Ztr.

9. Heu und Stroh.

Hinsichtlich des Rauhfutters ist Bayern wieder Überschußgebiet. Es hat seit 18. Nov. 1915 bis 15. Sept. 1917 Heumengen in Höhe von 32566 Ztr. und 115 Ztr. Stroh an auswärtige Proviantämter abgeliefert.

10. Düngemittel.

Wie bei Futtermitteln, so benötigt die bayerische Landwirtschaft auch bezüglich der Düngemittel gewaltige Zuschüsse vom übrigen Reich, insbesondere an den so wichtigen Kalisalzen, die Bayern ausschließlich aus den norddeutschen Lagerstätten bezieht. Nach den Aufstellungen der Lieferstelle (Kalisyndikat G. m. b. H.) gingen folgende Mengen reines Kali (K_2O) nach Bayern:

	Doppelzentner
im Jahre 1913	264 223
1914	222 920
1915	247 943
1916	349 235

d. i. auf 1 qkm (= 100 ha = rd. 300 Tgw.) landwirtschaftliche Anbaufläche

1913	571 kg
1914	482 „
1915	536 „
1916	764 „

Wie ersichtlich hat die Liefermenge im abgelaufenen Wirtschaftsjahr gegenüber dem Vorjahr beträchtlich (40%) zugenommen, so daß sogar der Friedensverbrauch (1913) bedeutend überschritten wird.[3])

Bezüglich der übrigen Düngemittel stehen neuere Zahlen nicht zur Verfügung. Wie aus der Zeitschrift des Bayerischen Statistischen Landesamts 1917 S. 384 hervorgeht, kann auch hier die bayerische Erzeugung den Bedarf bei weitem nicht decken, so daß die Hilfe des übrigen Reiches in hohem Maße in Anspruch genommen werden muß. Dies gilt sowohl für Thomasmehl und schwefelsaures Ammoniak als auch für Kalkstickstoff.

11. Vieh und Fleisch.

Am meisten hat sich Bayern im Laufe des Krieges als Geber in der Ernährungswirtschaft hinsichtlich Vieh und Fleisch erwiesen. Vom 23. Januar 1916 bis 15. August 1917 betrug die Mehrlieferung Bayerns von Vieh, Fleisch, Wild und Geflügel:

A. an die übrigen Bundesstaaten (insbesondere Preußen, Sachsen, Baden, Württemberg, Hessen, Elsaß-Lothringen)

an Großvieh	7 209	Stück
„ Kälbern	694	„
„ Schweinen	2 333	„
„ Schafen und Ziegen	14 477	„
„ Hasen	2 386	„
„ Rehen	3 145	„
„ Rotwild	62	„
„ Schwarzwild	18	„
„ Geflügel	112 181	„
„ Kaninchen	8 765	„
„ Fleisch, roh	8 637	Ztr.
„ Fett, verarbeitet	29 404	„
„ Feintalg	700	„ (vom 1. Mai bis

31. August 1917 an den Kriegsausschuß für Öle und Fette).

B. Bayern hatte auch zur Versorgung des Feldheeres mit Fleisch beträchtliche Vieh- namentlich Großviehmengen bereitzustellen. Vom 1. April 1916 bis 1. August 1917 hat es ans Feldheer abgegeben:

Großvieh	492 250	Stück
Kälber	—	„
Schweine	85 059	„
Schafe und Ziegen	14 477	„

C. Außer den unter A und B erwähnten Lieferungen oblagen Bayern Kälberlieferungen an die Versorgungsgebiete Sachsen und Baden. An Stelle von Kälbern wurden, falls das Soll nicht aufzubringen war, Rinder und Schweine geliefert. Es erhielt vom 1. April 1916 bis 1. August 1917

	Stück Großvieh	Stück Kälber	Stück Schweine
Sachsen und Baden	3 395	31 910	3 901

[3]) Vgl. Zeitschrift des Bayer. Statist. Landesamts 1917 S. 470 ff. (der Kaliverbrauch in Bayern seit 1890).

12. Milch und Milcherzeugnisse.

Seinem hohen Rindviehbestand entsprechend kommt Bayern auch als Lieferant von Milch und Milcherzeugnissen in Frage.

Vom April mit September 1917 hat es an die Zentraleinkaufsgesellschaft in Berlin geliefert

gezuckerte Magermilch . . .	15 165 Ztr.
Trocken-Magermilch	1 700 „

An Milchprodukten, Butter und Käse hat Bayern zur Versorgung des übrigen Reichs zugeschossen:

22 451	Ztr.	Butter (vom 1. Februar—31. August 1917)
19 779	„	Käse (vom 24. Februar—24. September 1917)
3 955	„	Quark (vom 1. Januar—30. September 1917).

Von letzterem sind etwa 1400 Ztr. als Mainzerkäse wieder nach Bayern eingeführt worden.

13. Zucker und Süßstoff.

Umgekehrt war Bayern bei Deckung seines Zucker- und Süßstoffbedarfs stark auf die Hilfe des Reiches angewiesen.

Die Gesamtzuweisungen im abgelaufenen Wirtschaftsjahr belaufen sich laut Mitteilung der Reichszuckerstelle auf 2 600 000 Ztr. Zucker und zwar

1. für die Kommunalverbände 1 600 000 Ztr. (Mundzucker, Einmachzucker, Zulagen für die Betriebe). Davon stammen zirka 1 000 000 Ztr.[4]) (genau 979 814 Ztr.) = ²/₃ aus außerbayerischen Raffinerien;
2. für das bayerische Heer 370 000[5]) Ztr.;
3. für Aufstrichmittel, Schokolade, Süßigkeiten, Wein, Bienen, Glyzerin-Herstellung 730 000[5]) Ztr.

An Süßstoff wurde im Wirtschaftsjahr 1916/17 vom Reiche zugewiesen und an die bayerischen Kommunalverbände verteilt:

14 003 200 Briefe (H-Packung)

550 950 Schachteln (G-Packung zu je 500 Tabletten).

14. Eier.

Bei der derzeitigen Rationierung ist Bayern Überschußgebiet. Im Frieden haben zur Befriedigung des Bedarfes namentlich der großen Städte beträchtliche Mengen Eier vom Ausland eingeführt werden müssen.

Im Jahre 1917 wurden in Bayern laut Mitteilung der bayerischen Eierversorgungsstelle angeliefert: 146 678 712 Stück. Hievon wurden eingekalkt und an bayerische Verbände und Militärbehörden verteilt: 139 080 712 Stück; ans Reich wirklich geliefert: 7 598 000 Stück. Außerdem hat Bayern auf seinen rechnerischen Anteil an Auslandseiern in Höhe von 34 856 270 Stück verzichtet.

[4]) Wieviel bayerische Rüben darinnen stecken, ist nicht bekannt.

[5]) Wieviel davon auf bayerische, wieviel auf außerbayerische Raffinerien entfällt, ist nicht ermittelt, daher ist diese Menge auch in der Übersicht nicht aufgeführt.

15. Gemüse und Obst.

Hinsichtlich des für das Durchhalten in der Ernährungskrise des letzten Winters so wichtigen Gemüses und Obstes ist Bayern ebenfalls Überschußgebiet. Die Landesstelle für Obst und Gemüse teilt mit, daß im abgelaufenen Wirtschaftsjahr: 496898 Ztr. verschiedenes Obst und Gemüse, namentlich Dorschen, Dörrgemüse, Beeren nach dem übrigen Reiche ausgeführt wurden.

16. Brotaufstrichmittel.

Außer den oben unter Ziff. 1, 3, 4, 6, 7 angeführten Brotstreckungsmitteln erhielt Bayern an wichtigen Brotaufstrichmitteln aus den Beständen des übrigen Reiches: 152980 Ztr. Marmelade, 89051 Ztr. Kunsthonig, 43801 Ztr. Speisesirup.

17. Fische.

Auch in unserer Fischversorgung sind wir, soweit es sich um Heringe, Klipp- und Stockfische, Seefische und um ausländische Flußfische sowie um Fischkonserven handelt, ausschließlich auf die Bestände des Reiches angewiesen.

Vom 1. Januar 1917 bis 31. Dezember 1917 betrug Bayerns Anteil an

Heringen	24 146 Ztr.
Fischkonserven	21 306 „
Klipp- und Stockfischen	19 095 „
Seefischen	16 776 „
ausländischen Flußfischen	464 „

18. Kohlen, Eisen, Holz.

Zur Erhaltung unserer Arbeits- und Wehrfähigkeit sind die Hilfs- bzw. Rohstoffe Kohle, Eisen und Holz fast ebenso nötig als die vorstehend betrachteten direkt oder indirekt zur Ernährung dienenden Erzeugnisse.

a) Kohlen.

Unsere drei größten Städte sind in ihrer Kohlenversorgung in hohem Maße vom übrigen Reiche abhängig.

München empfing im Jahre 1916 auf Bahn und Wasser:

	Steinkohlen, Koks, Briketts	Braunkohlen, Briketts
insgesamt	355 043 t	417 593 t
davon aus Bayern	19 519 t	271 912 t
aus dem übrigen Reiche	322 167 t	61 845 t
% aus dem übrigen Reiche	90,7 %	14,8 %

Nürnberg empfing im Jahre 1916 auf Bahn und Wasser:

	Steinkohlen, Koks, Briketts	Braunkohlen, Briketts
insgesamt	295 825 t	100 502 t
aus Bayern	7 230 t	7 861 t
aus dem übrigen Reich	269 894 t	39 559 t
% aus dem übrigen Reich	91,4 %	39,3 %

Augsburg empfing im Jahre 1916 auf Bahn und Wasser:

	Steinkohlen, Koks, Briketts	Braunkohlen, Briketts
insgesamt	119 286 t	122 116 t
aus Bayern	1 311 t	85 610 t
aus dem übrigen Reich	117 875 t	12 876 t
% aus dem übrigen Reich	98,8 %	10,5 %

Bayern r. d. Rh. erhielt nach Angaben der bayer. Kohlenausgleichstelle im Jahre 1916 aus dem übrigen Reiche insgesamt auf der Eisenbahn 2 944 498 t Steinkohlen, Koks und Briketts und rund 933 000 t Braunkohlen und Braunkohlenbriketts.[6])

b) Nicht so stark, aber immerhin noch bedeutend genug ist die Abhängigkeit Bayerns in seiner Eisenversorgung.

Es betrug im Jahre 1916 an Eisen und Stahl sowie an Eisen- und Stahlwaren[7]) aller Art der Bahnversand aus Bayern ans übrige Reich 290 262 t, der Empfang Bayerns vom übrigen Reiche 441 419 t, also der Mehrempfang Bayerns vom übrigen Reiche 151 157 t.

c) Dem großen Einfuhrüberschuß, den Bayern bezüglich Kohlen und Eisen aufweist, steht ein Ausfuhrüberschuß an Holz gegenüber. Dieser ist zwar dank der ausgedehnten, etwa ein Drittel der Gesamtfläche des Königreiches ausmachenden Waldbestände erheblich, bleibt jedoch hinter den Tonnenmengen des Kohlen-Mehrempfanges noch wesentlich zurück.

Insgesamt wurden im Jahre 1916 durch die Eisenbahn 1 085 814 Tonnen Holz nach dem übrigen Reiche ausgeführt. Seit Errichtung der Landesbrennholzstelle (1. August 1917) bis Ende 1917 wurde ans übrige Reich 13 900 t Brennholz geliefert.

Zusammenfassung.

Eine zusammenfassende Überschau über die einzelnen Posten des Austauschverkehres zwischen Bayern und dem Reiche im Jahre 1916/17 ergibt folgendes Bild:

a) Bayern erhielt Zuschüsse vom übrigen Reiche an

1. Brotgetreide,
2. Brotstreckungsmitteln,
3. Mais,
4. Zucker und Süßstoff,
5. Fischen,
6. Futtermitteln,
7. Düngemitteln,
8. Kohle,
9. Eisen.

b) Bayern gab Zuschüsse ans übrige Reich an

1. Vieh und Fleisch,
2. Milch und Milcherzeugnissen,
3. Eiern,
4. Kartoffeln,
5. Gemüse und Obst,
6. Hülsenfrüchten,
7. Ölfrüchten,
8. Gerste,
9. Hafer,
10. Heu und Stroh,
11. Holz.

---

[6]) Die Kohlenausfuhr Bayerns ist nach Angabe der erwähnten Stelle bedeutungslos.

[7]) Ziffer 11 a—19 a des Güterverzeichnisses in der Statistik der Güterbewegung auf deutschen Eisenbahnen.

Die mitgeteilten Zahlen geben in erster Linie die tatsächlich gelieferten Mengen auf Grund des Verteilungsschlüssels wieder, umfassen aber, wo solche vorliegen, auch die genehmigten Ausfuhren an Private.[8])

Was daneben unkontrolliert auf dem Wege des Schleichhandels Bayerns Grenzen überschritt, dafür bieten Angaben des bayerischen Kriegswucheramts wertvolle Anhaltspunkte.

Schon in den ersten 3 Monaten der Ende Juni 1917 begonnenen Überwachung der Lebensmittelausfuhr aus Bayern wurden rund 12000 Pakete beschlagnahmt. Gegenwärtig verfallen täglich 6—7000 Sendungen der Beschlagnahme. Die bisher nur auf einen Teil Bayerns sich erstreckende Kontrolle — es handelt sich allein um die Postkontrolle, da die Bahnkontrolle längst auf ganz Bayern ausgedehnt ist — wurde Ende Oktober auf ganz Bayern ausgedehnt. Was inzwischen bei Post- und Bahnüberwachung beschlagnahmt wurde, stellt begreiflicherweise nur einen kleinen Teil der unerlaubten Lebensmittelausfuhr aus Bayern dar. Und doch sind die beschlagnahmten Mengen schon recht beträchtlich, es sind nämlich bis 31. Dez. 1917:

133 Ztr.	Getreide,	400 Ztr.	Butter u. Speisefett,	96 Ztr.	Hülsenfrüchte,
800 „	Mehl und Getreideprodukte,	130 „	Honig,	1038 Stück	Gänse,
1200 „	Fleisch u. Wurstwaren,	157000	Stück Eier,	103 „	Enten,
300 „	Käse,	314 Ztr.	Obst,	458 „	Hühner.
		210 „	Spezereiwaren,		

[8]) Bestimmungen über die Ausfuhr von Lebensmitteln nach Außerbayern:

Zur Ausfuhr von Lebensmitteln aus Bayern unter Beilage der Beförderungspapiere (Frachtbriefe, Begleitadressen) muß die Genehmigung nachgesucht werden bezüglich:

1. Fleisch, Fleischwaren, Wild, Geflügel, Speck, Rohfette;
2. Eier;
3. Butter, Schmalz, Käse, Kondens- und Trockenmilch;
4. Honig (Mengen bis zu 1 Pfund dürfen zum eigenen Gebrauch persönlich mitgenommen werden);
5. Brotgetreide (Roggen, Weizen, einschließlich Spelze, Emer und Einkorn), ferner Gerste, Hafer, Hülsenfrüchte (Erbsen, Bohnen, Linsen, Wicken), Buchweizen und Hirse, sowie die Erzeugnisse dieser Früchte, insbesondere Mehl, Schrot, Grieß und Malz;
6. Gemüse, Obst (auch verarbeitet, also Marmelade, Dörrobst usw.) über 5 kg;
7. Kartoffel.

Die Genehmigung wird gebührenfrei vom 1. Februar 1918 an erteilt:

a) von der Bayer. Fleischversorgungsstelle, München Theatinerstraße 35, falls nur Fleisch, Fleischwaren, Wild u. Geflügel versandt werden,

b) von der Bayer. Lebensmittelstelle, München, Triftstr. 6, in allen übrigen Fällen.

Die Gesuche sind unmittelbar an die genannten Stellen zu richten; sie können auch bei den Kommunalverbänden eingereicht werden.

Feldpostsendungen von Fleischwaren bis zu 500 Gramm sind genehmigungsfrei. — Bei vielen Lebensmitteln ist außerdem auch die Ausfuhr aus dem Kommunalverband genehmigungspflichtig. Diese Genehmigung ist bei der zuständigen Distriktsverwaltungsbehörde einzuholen.

Abgesehen hievon steuert Bayern noch ein gutes Teil zur Versorgung des übrigen Reiches bei durch den Unterhalt der Fremden. Beispielsweise wurden bei der letzten Fremdenzählung vom 16. Juli 1917 im Königreich 29097 Ortsfremde aus Bayern und 23056 Ortsfremde aus dem übrigen Reich gezählt. Ihrer Herkunft nach verteilen sich letztere folgendermaßen:

14978	Preußen,	47	Oldenburger,
3294	Sachsen,	63	Braunschweiger,
1232	Württemberger,	100	Bremenser,
966	Badener,	391	Hamburger,
749	Hessen,	453	Elsaß-Lothringer,
90	Mecklenburger,	700	aus den übrigen Bundesstaaten.

Hiezu kommen 1326 Ausländer und 625 ohne Angabe ihrer Herkunft. Weitaus die meisten Fremden wurden, wenn man die Regierungsbezirke ins Auge faßt, in Oberbayern, in Unterfranken und in Schwaben gezählt. So unterhielt beispielsweise Oberbayern am Zählungstage allein 6314 Fremde aus Preußen, d. i. fast ein Drittel der gesamten Fremdenzahl.

19. Preise.

Wiederholt wird in der Öffentlichkeit auf die billigeren Preise hingewiesen, deren sich im Laufe des Kriegs Bayern gegenüber anderen Gebieten des Reichs, namentlich gegenüber Norddeutschland erfreut. Dieser Vergleich ist nur mit Vorbehalt richtig, er muß auch das Verhältnis zu den Kosten der Lebenshaltung und dem Einkommen berücksichtigen.

Nach den Landesdurchschnittspreisen kostete eine Lebensmittelmenge, bestehend aus je 1 kg Brot, Kartoffeln, Rindfleisch, Schweinefett, Speisebohnen, Zucker, 100 g Kaffee, 1 Liter Milch und 1 Ei nach Berechnungen von *Losch* und *Ritscher*[9]) im Juli 1914

	Pfg.	berechnet aus den Preisen von	
in Bayern	565,7	69	verschiedenen Gemeinden
„ Württemberg	545,9	65	
„ Baden	564,3	130	
„ Preußen	489,3	51	

Demnach betrugen die Ausgaben für die 9 wichtigsten Lebensmittel im Süden etwa 12—16% mehr als in Preußen und wohl auch im übrigen Norden des Reichs. Der Unterschied ist hauptsächlich veranlaßt durch die billigere Versorgungsmöglichkeit, die die norddeutschen Gebiete durch ihre günstige Lage zu den Hochstraßen des Weltverkehrs, also durch die leichtere Einfuhr aus dem Ausland, durch die leichtere Überseeeinfuhr hatten. Im Süden hielt sich der

[9]) Vgl. *Losch*, Die Entwicklung der Lebensmittelpreise. Mitteilungen des Württembergischen Statistischen Landesamts 1917 Nr. 7, 10, 11. — *Ritscher*, Kriegsteuerung im In- und Ausland, Allgemeines Statistisches Archiv 1917 Heft 3/4.

Preisstand wegen der größeren wirtschaftlichen Gestehungskosten, vornehmlich wegen der hohen Fleischpreise, höher als im Norden.

Seitdem nun der Krieg die Auslandseinfuhr eingeschränkt, größtenteils ganz unterbunden hat, sieht sich auch der Norden auf die inländischen landwirtschaftlichen Erzeugnisse für seine Ernährung angewiesen. Daneben nötigte die unzureichende Versorgungsmöglichkeit noch zum Erwerb von Auslandswaren (z. B. Eier und Butter), für die in Anbetracht der Valutaverhältnisse teuerere Preise angelegt werden mußten. Anderseits hob sich für weite Kreise Norddeutschlands durch starke Beteiligung an den Kriegsaufträgen und Kriegsgewinnen die Kaufkraft mehr als in Bayern, wo an Kriegsgewinn weniger anfiel. So kam es, daß in Norddeutschland die Preisentwicklung rascher emporschnellte als im Süden und speziell in Bayern, während das Verhältnis zwischen den Kosten der Lebenshaltung und dem Einkommen sich wenig gegenüber den bisherigen Unterschieden zwischen Nord und Süd änderte.

Nach Ablauf von zwei Kriegsjahren betrug die Preissteigerung in Preußen etwa 136%, in Bayern, Württemberg und Baden etwa 77—80%. Beschränkt man sich — mangels vergleichbarer Angaben für die anderen Lebensmittel — auf 5 Lebensmittel (1 kg Brot, Kartoffeln, Zucker, 1 Liter Milch, 1 Ei) so ergibt sich folgende Preisentwicklung für Juli 1914—1917:

	1914	1915	1916	1917	1914	1915	1916	1917
	in Pfennigen				in Indexziffern			
Bayern	114,2	150,3	156,9	159,5	100	131	137	140
Württemberg	121,6	157,2	158,6	166,6	100	129	130	137
Baden	121,6	159,0	166,6	183,5	100	131	137	151
Sachsen	106,0	146,1	161,1	169,2	100	138	152	159
Preußen	121	164,8	185,3	203,8	100	136	153	168

Diese Übersicht veranschaulicht die Teuerung, wie sie im Laufe des Kriegs zugenommen hat, in groben Umrissen. Allerdings die volle Schärfe kommt nicht zum Vorschein wegen Außerbetrachtlassung der Fleisch- und Fettpreise. Soviel erhellt aber deutlich, daß sowohl hinsichtlich des absoluten Preisstandes, wie hinsichtlich der Preisentwicklung bis 1917 Bayern sehr günstig abschneidet. Norddeutschland zeigt ein um zirka 20% höheres Preisniveau als Süddeutschland.

Ein ähnliches Bild bietet sich, wenn man die Ausgaben für Brot, Kartoffeln, Rindfleisch, Milch, Butter, Eier, Hülsenfrüchte und Zucker unter Berücksichtigung des infolge Rationierung verringerten Verbrauchs für die verschiedenen Reichsgebiete in Betracht zieht. Bekanntlich belasten Waren, die im Preis stark gestiegen sind, aber verhältnismäßig weniger verbraucht werden, die Haushaltungskosten weit geringer, als Waren ohne Preissteigerung, aber mit starkem Verbrauch.

Für die Lebensmittel, wie Brot, Kartoffeln usw., deren Verbrauch durch die öffentliche Bewirtschaftung und Verteilung eingeschränkt ist, sind in den süddeutschen Städten München, Stuttgart, Karlsruhe, Straßburg die Ausgaben auf etwa 81—89% der entsprechenden Friedensausgaben zurückgegangen. Dagegen haben diese Ausgaben in norddeutschen Städten wie Dresden und Berlin trotz stark eingeschränkten Verbrauchs der betreffenden Waren schon seit längerer Zeit die Friedenshöhe erreicht. Sonach verbleibt auch unter diesem Gesichtspunkt für Süddeutschland ein mindestens 15—20% günstigerer Stand. Die Teuerung in Süddeutschland, insbesondere in Bayern, dürfte bis Ende 1917 nur mit etwa 4/5 des Ausmaßes der Lebensmittelteuerung für Norddeutschland in die Erscheinung getreten sein. Aber wie bemerkt, ist auch die Kaufkraft nicht in dem Maß wie in Norddeutschland gestiegen.

Deswegen wurde es mehrfach gerade in Bayern als mißlich empfunden, wenn bei amtlichen Preisfestsetzungen[10]) das Kriegsernährungsamt für das ganze Reich Preise in einer Höhe normierte, die wesentlich über das seitherige Preisniveau in Bayern hinausging und sich der Kaufkraft unserer Bevölkerung viel weniger anpaßte als der der norddeutschen Preise.

Deswegen durfte der Ansturm, den kaufkräftige Schichten des übrigen Reichs auf die billigen Lebensmittel in Bayern mit hohen, die amtlichen Höchstpreise weit übersteigenden Preisangeboten machten, absolut nicht zugelassen werden, zumal die einheimische Bevölkerung mangels gleicher Kaufkraft sich nicht durch anderweitige Beschaffung solcher Lebensmittel schadlos halten konnte und sonst in ihrer Ernährung Not zu leiden gehabt hätte. Es mußte gegen jenen Ansturm, der sowohl unter der Flagge des Fremdenverkehrs wie im Wege eines ausgedehnten Schleichhandels sein Wesen versuchte, durch Erschwerung der privaten Lebensmittelausfuhr aus Bayern, durch Überwachung dieses Verkehrs und durch Beschlagnahme der erfaßten, verbotenen Ausfuhr vorgegangen werden.

Wie oben S. 17 erwähnt, handelt es sich um recht beträchtliche Mengen, die dabei aufgegriffen und der bayerischen Lebensmittelversorgung wieder zugeführt wurden. Die beschlagnahmten 1200 Ztr. Fleisch entsprechen beispielsweise einer Summe von 240 000 Wochenrationen. Dabei stellte die erfaßte Lebensmittelmenge nur einen Bruchteil des gesamten Lebensmittelschmuggels über die Grenzen Bayerns dar. Ähnliche Erscheinungen sind auch in Württemberg und Baden festgestellt worden.

So sehr die Maßnahmen für Unterbindung des unerlaubten Warenverkehrs sich als notwendige Abwehr erwiesen, so sind sie selbstredend kein Hindernis, daß von tatsächlich vorhandenen Überschüssen an landwirtschaftlichen Erzeugnissen der deutsche Süden

---

[10]) Über amtlich festgesetzte Höchstpreise für wichtige Lebens- und Verpflegsmittel im Reiche nach dem Stande vom April 1917 vgl. Vierteljahrshefte zur Statistik des Deutschen Reichs 1917 II 26 ff.

an den nahrungswirtschaftlich schlechter gestellten Norden abgibt. Im Gegenteil, sie sollen die öffentliche Bewirtschaftung und Verteilung sichern und mit dazu beitragen, um neben ausreichender Versorgung des eigenen Landes noch leichter und noch mehr Mengen durch die öffentliche Hand den außerbayerischen Bedarfsgebieten überweisen zu können.

Schluß.

Wirtschaftliche Wechselbeziehungen, wie sie nach dem Geschilderten zwischen dem Reichsganzen und den einzelnen Gliedstaaten bestehen, kommen dem Reich wie dem Einzelstaat zugute. Das Reich erstarkte ganz wesentlich dadurch, daß die Gliedstaaten ihre Eigenart und Eigenkraft voll entfalten und ihr wirtschaftliches Leistungsvermögen soweit nur möglich der Reichsgesamtheit zur Verfügung stellen; es wurde dadurch stärker als die Summe seiner einzelnen Teile. Für den Einzelstaat ist die Zugehörigkeit zum mächtigen Reichsganzen eine Quelle neuer Kraft, sie läßt ihn unter dem Einfluß der Gesamtentwicklung des Reichsganzen, unter dem gegenseitigen Austausch von Intelligenz, Kapital und Waren zwischen den Gliedstaaten erheblich über seine Kraft hinauswachsen und zwar rascher als es ihm allein gelänge.[11])

Jetzt im Kriege bedeutet dieses solidarische Zusammenstehen und diese wechselseitige Hilfe, daß das Durchhalten im Innern des Reiches gesichert und der Wirtschaftskampf der Heimatfront gewonnen wird. Noch nie ward Deutschland überwunden, solange dessen Stämme treu verbunden.

Deshalb ist jeder gute Bayer, Preuße, Sachse, Württemberger und wie die deutschen Stämme alle heißen, zugleich ein reichstreuer, reichsfreudiger Deutscher. Diese Reichsfreudigkeit beruht auf guten, tiefen Gründen, ist keine bloße Stimmungssache.

So selbstverständlich das hier Gesagte an sich ist, so darf es doch gerade gegenwärtig noch besonders betont werden, wo eine Welt von Feinden es auf die Zertrümmerung des geeinten Reiches abgesehen hat. Und es ist nur gut, wenn die Notwendigkeit der Nähr- und Wehrgemeinschaft, der Arbeitsgemeinschaft überhaupt, in der wir Bundesstaaten zueinander stehen, uns immer wieder zum Bewußtsein gebracht wird. Diesen Zweck verfolgten vorliegende Ausführungen. Arbeiten wie diese fördern das Verständnis für die Eigenart und Eigenkraft wie für die begrenzte Leistungsfähigkeit des einzelnen Reichsgebiets. Mit dem Verständnis wächst das gegenseitige Verstehen und das Zusammengehörigkeitsgefühl, erhöht sich die Gesamtkraft des Reiches, erfährt der einige Siegeswille, die Kraft zum wirtschaftlichen und politischen Durchhalten weitere Stärkung.

---

[11]) Vgl. *F. Zahn*, Bayerns Entwicklung seit 1840 nach den Ergebnissen der amtlichen Statistik. Zeitschrift des Statist. Landesamts 1915 S. 1 ff. — Bayerns Entwicklung seit 1840 (tabellarische Übersichten), herausgegeben vom Statist. Landesamt, München 1915.

Druck von Dr. F. P. Datterer & Cie. (Arthur Sellier) München-Freising.